P.

Patrice Romain a enseigné durant vingt ans en école primaire, dont quinze en tant que directeur. Il a publié notamment *Mots d'excuse : les parents écrivent aux enseignants* (2012) et *Nouveaux mots d'excuse : les parents écrivent encore aux enseignants* (2013) chez François Bourin Éditeur. Ont paru par la suite chez Michel Lafon, en 2014, *Mots d'excuse, l'intégrale* et *Recto/Verso*.
Il vit près d'Orléans.

Retrouvez toute l'actualité de l'auteur sur :
http://patriceromain44.blogspot.fr/

MOTS D'EXCUSE
2

MOTS D'EXCUSE
MOTS D'EXCUSE 2

MOTS D'EXCUSE ILLUSTRÉS

PATRICE ROMAIN

MOTS D'EXCUSE
2

Les parents écrivent encore aux enseignants

Michel Lafon

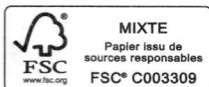

© Michel Lafon 2014
© Pocket , 2016, un département d'Univers Poche, pour la présente édition

ISBN : 972-2-266-25976-7

À mes trois amours :
la Clo, la crevette et Titi.

Table des matières

I – LES RETARDS

Si vous arrivez en retard, dites :
« C'est que je ne suis pas le premier venu ! »

Alphonse Allais,
écrivain et humoriste français, 1854-1905

Apôtre

Madame,
Vous me demandez le plus sérieusement
du monde un mot pour le retard de Charlotte,
premier retard de l'année je vous signale.

Bien que nous soyons dans une école laïque,
je me permets de vous inviter à lire l'évangile
de Saint Luc, chapitre 6, verset 41, sur la paille
dans l'œil du voisin et la poutre dans son propre
œil...

Avec tout le respect que je vous dois
(et réciproquement),

On ne va pas chipoter

Monsieur,
J'excuse Freddy pour son retard
de ce matin. Vous savez, un quart
d'heure, ça va ça vient !

Home sweet home

Madame,
Je m'excuse pour le retard a Tatiana
parce que hier matin avec les gosses qui
gueulaient et le chien qui dégueulait c'était
carrément le bordel a la maison.

À prendre ou à laisser

Madame,

Veuillez excuser mon fils de son retard d'hier
matin. Ayant passé sa nuit
sur son jeu vidéo sans que je le vois,
il s'est endormi dans le bus, d'après
ce qu'il m'a dit. Je vous demande
de le punir, mais de valider tout
de même ce mot de retard car de toute façon
mon fils n'en aura pas d'autres.

Cordialement.

À la niche !

Monsieur,

Martin est en retard ce matin parce
que son chien lui a échappé des mains.
Il a couru après pendant une heure,
même que c'est pour ça
qu'il est en sueur. Je lui avais pourtant
bien dit de ne pas le détacher !

Après l'heure, c'est plus l'heure

Monsieur,

Joël était en retard ce matin à cause de madame Dupont qui est psychorigide car elle ferme le portail pile à l'heure, même quand elle voit des élèves courir ! Elle l'a fermé sur le nez de mon fils ! Joël est donc rentré à la maison et je lui ai fait ce mot et ça a pris du temps. En plus, ça embête tout le monde, y compris vous vu que je suppose que c'est vous qui avez ouvert à Joël à cette heure-ci.

Il faut qu'elle se calme un peu et qu'elle respire un peu, cette dame, elle ne va pas vivre vieille !

Salutations respectueuses.

Forte dépression

Madame,
Excuse pour le retard a Brandon il ma dit
qu'il avait le vent de face en marchant.
Merci madame.

Sachons raison garder

Monsieur,
Mardi, Dylan s'est réveillé en retard,
donc il est arrivé en retard à l'école.
C'est aussi simple que cela, et c'est
inutile d'en faire un drame.
Merci et cordialement,

Champagne !

Madame,

Mon mari il peut pas toujours mais hier
il a pu et c'etait super mais du cou on etait crevé
et ce matin on c'est pas reveillé et c'est pour
ça que Patricia elle etait en retard. Mais c'est pas
sa faute.

Je m'escuse.

Avant l'heure,
c'est pas l'heure

Monsieur,

Ce matin, le car est passé à 7 h 43 alors
que d'habitude, sur l'arrêt c'est marqué
7 h 45. Je vous le jure sur ce que j'ai
de plus cher au monde à part mon fils.
Alors pardon pour le retard à Killian
s'il vous plait.

Merci d'avance.

Logique implacable

Madame,
Sébastien est arrivé en retard pour
raison personnelle, ce qui signifie bien
que c'est personnel.
Cordialement,

Télé-dépendance

Madame,
Mireille été en retard ce matin parce qu'elle
avait pas fini de regardée son dessin animé. Mais
c'était juste 5 mn.
Pardon et bonne journée.

Matriarcat

Je soussigné, Pierre Durand, certifie avoir amené ma fille Lucille ce jour lundi 18 janvier en retard à l'école.

Mais surtout, ne dites rien à mon ex-femme sinon elle va me faire la peau.

Cordialement,

Esprit de synthèse

Monsieur,

Je résume notre lever de ce matin : bol de chocolat chaud renversé, panique, aquarium qui tombe, poisson rouge en apnée, cris, aboiements, pleurs, serpillère, et donc retard.

Désolée, avec toutes nos excuses.

Panne de GPS

Madame,

Veuillez excuser le retard de Thomas mais hier c'est mon mari qui l'a amené à l'école et il s'est perdu.

Greenwich attitude

Monsieur,

J'ai réglé la montre de Norbert sur l'horloge parlante. Vous pouvez y jeter un coup d'œil afin d'ajuster l'heure de votre sonnerie. Cela évitera de regrettables quiproquos concernant l'heure de fermeture de la grille et les « retards » de mon fils.

Je reste à votre entière disposition.

Enfant roi

Madame,

Je mescuse pour le retard a Donovan
mais il voulé pas se levé se matin.

Merci et pardon. Vous pouvé le grondé
c'est de sa faute. Moi jy suis pour rien je voulé
qui il aye mais jai du mal il veut jamais obéire.

II – LES ABSENCES

L'obligation scolaire ne devrait pas être comprise comme imposant aux enfants d'aller à l'école, mais comme imposant à leur entourage, et en premier lieu à leur famille, de les aider à bénéficier de son enseignement.
Albert Jacquard, scientifique français, 1925-2013

Junon

Madame,

Veuillez excuser l'absence d'Emilie vendredi dernier. Dans un premier temps, nous avons cru à une crise d'appendicite et l'avons emmenée d'urgence à l'hôpital. En fait, ce n'était que ses premières règles, mais c'était très douloureux.

Enfin, Emilie est désormais une femme, et cela ne nous rajeunit pas !

Susceptible

Madame,

Tout vient à point à qui sait attendre : voici enfin le mot que vous attendiez tant au sujet de l'absence de Germain. Je vous l'aurais bien apporté mercredi ou samedi, mais vous ne travailliez pas.

Enfin, tout est arrangé maintenant, et la terre va pouvoir recommencer à tourner. Ouf ! Le mammouth de l'éducation nationale a failli imploser !

Je vous prie de croire, madame, en l'expression de mes plus respectueuses salutations.

Mise à l'index

Absence de Bénédicte pour cause de mal au doigt.

Salutations distinguées.

Mathophobe

Madame,

J'excuse ma fille pour son absence
d'hier parce que il y avait controle
de maths et c'est vrai qu'elle a mal
au ventre quand il y a controle
de maths.

Au voleur !

(mot déposé dans la boîte aux lettres de l'école)

Monsieur,

Ma femme s'est sauvé en emportant ma fille.
Je file chez la belle doche car elle doit y être.
Je vous tiens au courant. Natacha sera ne sans
doute pas à l'école demain.

Bye

Promotion à ne manquer sous aucun prétexte

Madame,
Veuillez excuser l'absence de Théo la semaine dernière. Mais si vous connaissiez les prix à la montagne hors période scolaire et si vous pouviez le faire vous le feriez.
Je vous remercie de votre indulgence.

Attaché aux libertés individuelles

Monsieur,
Mon fils sera pas la demain. Demandez pas pourquoi, ça vous regarde pas.

Étourdie

Madame,
Joachim a été absent le vendredi
des vacances car j'avais perdu la clé
de la voiture.
Salutations.

L'angoisse de la page blanche

Monsieur,
Je suis au courant de l'absence de mon
enfant mais je ne trouve pas d'excuse
à vous fournir. Que voulez-vous que j'y
fasse ?
Cordiales salutations.

Hou, la menteuse !

Madame,

Contrairement à ce que vous a dit Eléonore hier après-midi lorsque vous l'avez interrogée alors que je vous avais pourtant fait un mot, je vous confirme que j'étais bien réveillée hier matin mais que c'était ma fille qui était barbouillée de la veille.

Cordialement,

Jacques de La Palice

Monsieur,

Mon fils Thibaud était absent ce jour parce qu'il n'était pas là.

Ne manque pas d'air !

Bonjour,

Sonia est absente depuis jeudi 15 juin car elle fait de l'aérophagie. Son absence est donc bien justifiée. Merci de communiquer celà au professeur afin d'éviter des conclusions trop hâtives sur son absence.

Fashion victim

Madame,

Karine n'était pas à l'école mardi pour cause de soldes car il fallait qu'elle essaye ses vêtements.

Comme je sais que vous me comprenez, je vous remercie et vous souhaite une bonne journée.

PS : Et je ne regrette pas mes achats !

Athée pacifiste

Monsieur,

Morvan sera absent demain toute la journée pour raisons personnelles. Ca compensera pour tous les jours fériés pour cause de religion ou de glorification militaire que l'on nous impose et pour lesquels on ne nous demande pas notre avis.

Il serait d'ailleurs peut-être temps de supprimer tout ça et d'instaurer à la place un seul jour férié de « laïcité et fraternité entre les peuples »...

Merci de votre compréhension.

Mouton de Panurge

Monsieur,

Johann n'est pas venu ce matin parce qu'hier un de ses camarades que je refuse de dénoncer lui a dit que sa maîtresse était absente aujourd'hui.

J'en suis désolée et vous prie de le pardonner mais c'est de la faute de ce mauvais camarade qui fait des plaisanteries douteuses. Je règlerai cela ce soir avec ses parents.

Je vous remercie et vous prie d'agréer l'expression de mes sentiments distingués.

Transit intestinal difficile

Madame,

Xavier n'est pas venu en classe hier pour cause de diarrhée. Il en a mis partout : dans son pyjama, dans son lit, dans le couloir, dans les toilettes, etc. Je vous épargne les détails mais ça empestait dans tout l'appartement parce que c'était incrusté dans la moquette. Il valait donc mieux pour vous qu'il reste à la maison car il se serait souillé dans votre classe s'il était venu à l'école. Dans votre propre intérêt, j'ai donc décidé de le garder. Rassurez-vous, il va mieux maintenant. N'hésitez pas cependant à m'appeler si ça « déborde ».

Bien à vous,

Sous le soleil des tropiques

Monsieur,

Théodore ratera les deux dernières semaines de classe. Nous partons en Martinique.
Ca va nous faire du bien, surtout avec le mois de juin pluvieux qu'on a !

Merci d'accepter son absence et, surtout, bonnes vacances et bon courage pour la fin d'année !

Boute-en-train

Monsieur,

François était absent à l'école vendredi car nous avons dû franchir la Loire, donc nous avons fait le pont !

Merci de votre diligence.

Peccadille

Madame,

Je préviens qu'à la fin de la semaine ma fille est très fatiguée alors on va pas quand même pas en faire toute une histoire qu'elle a manquée l'école un samedi. OK ?

30 millions d'amis

Madame,

Veuillez excuser l'absence de David hier : il a eu la douleur de perdre son petit chat de trois mois et a absolument tenu à assister à la cérémonie d'enterrement que nous avons organisée.

Bien à vous,

Préparatifs

Madame,
Daniel était absent vendredi parce que
sa tante et son oncle sont venus dormir
à la maison samedi.
Cordialement,

Cupidon

Madame,
Je me suis permise de garder Charles à la
maison lundi car il avait une peine de cœur.
C'est son premier chagrin d'amour et il était
bouleversé,
incapable de quoi que ce soit.
Je vous remercie de votre compréhension et
vous prie de croire en l'expression de ma plus
haute considération.

Clair et concis

Monsieur,

Vous demandez pourquoi Jonathan été absent hier ? Je vous répond parce que.

Sa vous va comme sa ?

Trop de sérieux tue le sérieux

Madame,

Justine a raté son contrôle de français ce matin parce que justement elle révisait son français à la maison.

Désolé pour vous mais ce n'est pas de sa faute. Merci.

On a ga-gné !

Monsieur,

Samuel était absent ce matin pour cause de victoire aux élections. Youpi !!!!!!

Excellente journée, mais je n'en doute pas une seconde !!!!!

Tout flatteur vit aux dépens de celui qui l'écoute

Madame,

Ghislain était absent hier. Je ne vous ai pas prévenue mais comme vous êtes compréhensive vous auriez dit oui alors ça revient au même.

Je vous en remercie donc postèrieurement.

Propriété privée

Madame,

Vu que c'est moi la responsable de ma fille, je ne vois pas pourquoi je vous dirai pourquoi elle a été absente.

Mais ne vous en faite pas je le sais. Merci.

Gourmet

Madame,

Hier midi on a mangé des frites
et c'était long a mangé les frites alors
Julien n'a pas pu venir à l'école après.

Merci.

Obstinée

Madame,

Mireille a raté son car de 8 h. Elle est rentrée
à la maison pour que je lui fasse un mot. Mais
comme j'étais partie faire des courses, elle
m'a attendue devant la maison, trop longtemps
puisqu'elle a raté son deuxième car, celui de
9 h 15. Après, le jeu n'en valait plus la chandelle
et elle a attendu son père pour qu'il vous
l'amène cet après midi, à l'heure cette fois ci.
C'est pourquoi j'ai l'honneur de vous demander
de bien vouloir excuser son absence de ce matin.

Cordialement,

Moteur hybride

Monsieur,
Veuillez excusez Virgil pour son absence de mardi. Il a été retenu dans le tram en panne d'essence.

Camarade syndiqué

William n'est pas venu à l'école hier parce qu'il a fait grève. Chacun son tour.

Victor Hugo

Ces quelques vers pour adoucir
Votre colère et vos soupirs
Ne criez pas, ça n'sert à rien
Ma fille ne s'ra pas là demain

Débordée

Madame,

J'étais dans les cartons du déménagement alors je n'ai pas pu m'occuper de mon fils et il m'aidait. C'est la raison de son absence de mardi.

Préparation au serre-tif

Monsieur,

Joachim a du emmener son frère au coiffeur. C'est la raison de son absence d'hier.

Meilleurs salutations.

III – LES BLESSÉS, LES MALADES

Les maladies que l'on cache sont
les plus difficiles à soigner.
Proverbe chinois

Polyvalente

Madame,

Malade = certificat médical obligatoire, c'est plus facile à dire qu'à faire. Vous n'avez jamais entendu parler de la pénurie de médecins ?
Et en plus, mon docteur était malade !

Alors c'est moi qui ai soigné Virginie la semaine dernière avec mes médicaments.
Et ça a marché. La preuve, c'est qu'elle est devant vous sur ses deux pieds.

Salutations

Aïe !

Monsieur,
Boris n'est pas venu à l'école mardi
car il a glissé sur la queue du chat.
Il est tombé et il s'est fait griffer.
Il nous a donc fallu aller chez
le vétérinaire et le médecin.
Rien de grave cependant,
ils sont redevenus amis.
Respectueusement vôtre,

Mon œil !

Madame,
Kévin a un cocar mais cette fois c'est pas moi
parce que j'avais rien bu. Il s'est bagaré au foot
avec un autre. Alors prévenez pas la police SVP
j'ai rien fait.
Merci.

Maladie épistolaire

madame,
coralie a était absente pour cause
de mots de georges

Problème de cul bas

Madame,
Mélissa a été malade car elle a eu une castro.
Excusez la.
Cordialement,

Guerre bactériologique

Monsieur,

Veuillez excuser Tristan pour son absence de la semaine dernière mais il était malade vu que sa sœur l'a contaminé. Je n'ai pas voulu appeler le docteur pour ne pas le contaminer aussi.

Merci monsieur et bonne journée.

La totale

Monsieur,

Et voilà ! Il restait plus que 3 jours
de plâtre pour Alexis et il cavalait partout.
Il a voulu dessendre les escaliers à cloche
pied et il est tombé à cause que l'assenseur
était en panne.

Résultat, il a maintenant les deux pieds dans
le plâtre mais jeudi ça ira mieux parce que on va
lui enlevé le 1er et il pourra retourné à l'école avec
ses béquilles. Heureusement qu'on a acheté les
béquilles parce que comme ça on les amortit !
Enfin maintenant on est tranquille il ne peut plus
bougé il est cloué au lit.

Merci d'avance de donné les devoirs à Ronan.
Alexis reviendra vendredi sauf si il se casse
les mains !

Je vous salut respectueusement.

En tout bien tout honneur

Monsieur,
Ma fille est restée à la maison mardi car lundi,
en EPS, vous l'avez littéralement épuisée !
Merci.

Problème de fond

Madame,
Victor doit impérativement porter sa minerve
durant quinze jours car samedi à la piscine
il s'est trompé en plongeant dans le petit bain
car il croyait qu'il y avait assez d'eau.
Je suis désolée et lui aussi.
Cordialement,

Prévention

Monsieur,
Je garde Alice à la maison car on
m'a dit qu'il y a la grippe
dans votre école
Bonne chance de ne pas l'attraper

Gueule de bois

Mademoiselle,
Veuillez excusez l'absence de ma fille Bérénice
lundi et mardi. Raison : rhum carabiné.

IV – LES REQUÊTES DIVERSES

La demande est chaude, le merci est froid.
Proverbe allemand

On ne mélange pas les torchons et les serviettes

Monsieur le directeur,

Je suis très déçue que ma fille ne soit pas avec ses copines de l'année dernière. De plus, il n'y a que des élèves en difficulté dans sa classe. Ca va être catastrophique pour son épanouissement intellectuel !

J'ai donc l'honneur de solliciter de votre bienveillance, à titre tout à fait exceptionnel, la possibilité de la changer de classe pour la remettre avec Marjorie Dupont, Hélène Durand et Thiphanie Duval.

Veuillez croire, monsieur le directeur, en l'expression de ma plus haute considération.

Pas soigneux

SVP madame, c'est possible que Victor il reste en classe à la récré parce que il a un nouveau jean et il en a besoin demain.

Merci beaucoup madame.

Journaliste d'investigation

Monsieur,

Sans indiscrétion, est-ce vrai ce qu'on raconte au sujet de la maîtresse des CE1B, comme quoi elle va divorcer ?

Merci et excusez-moi pour ma curiosité qui est bienveillante, rassurez-vous.

Ça défrise !

Mademoiselle,
Anatole a été au coiffeur. De ce fait
il ne doit pas mouiller ses cheveux durant deux
jours.
Je le dispense donc de piscine.
Respectueusement

Chut !

Monsieur,
SVP pouvez-vous dire aux élèves de faire moins
de bruit dans la cour de récréation ? Car leurs cris
résonnent sur les bâtiments et j'ai actuellement
ma vieille mère à la maison et j'ai peur qu'elle
fasse une crise cardiaque.
Avec mes remerciements anticipés,

Le monde à l'envers

Monsieur,
Merci de bien vouloir signer la punition que j'ai donnée à ma fille.
Vous pouvez la doubler si vous voulez : elle est insupportable à la maison.

Astrologue

Monsieur,
Pouvez-vous SVP faire attention à ma fille aujourd'hui parce que ce matin j'ai entendu son horoscope et ça ne présage rien de bon.
Merci beaucoup.

Ruminant

Madame,

Hier, Raphaël est rentré de l'école
avec un chwim gum dans la bouche.
Il ma dit qui la trouvé par terre
dans la cour.

Merci de nettoiyée la cour parce que
c'est dégueulasse.

Machin, t'es foutu, les parents sont dans la rue !

Monsieur le directeur,

Acceptez-vous de distribuer des tracts à l'école
si on fait une pétition contre la mairie ?

Merci d'avance.

C'est beau d'avoir des relations !

Madame,

Si c'est vrai ce que les gens racontent au sujet de votre proximité avec le maire, pouvez-vous lui dire que devant chez moi il y a un nid de poule depuis des mois et que ses services ne font rien ?

Cordialement et avec tous mes remerciements.

Règlement de comptes à OK Corral

Monsieur,

A la sortie de l'école, est-ce-qu'on a le droit de donner une gifle à un élève qui embête son fils ?

Car c'est de la légitime défense !

Face je gagne, pile tu perds

Madame,

Si nous on veut que Mickaël il passe et que vous vous voulez que il redouble comment il faut faire pour que il passe quand même ?

Merci d'avance de votre réponse positive.

Vivent les mariés !

Monsieur le directeur,

J'ai l'honneur de vous demander d'utiliser la cantine pour le mariage à mon neveu le samedi 12 juin.

Je m'engage à rendre le lieu dans l'état de propreté ou je l'ai trouvé.

Je vous remercie par avance et vous prie de croire en mes sentiments les meilleurs.

La vengeance est un plat qui se mange froid

Monsieur,

On a pas été correct avec vous l'année dernière ou quoi ? Alors pourquoi vous avez mis Johnny chez madame Dupont* ?

* Note de l'auteur : une collègue.

Un seul être vous manque et tout est dépeuplé

Monsieur,

Mon fils Yannick ne sera pas là demain pour d'impérieuses raisons personnelles. Vous serait-il possible de décaler le passage du photographe scolaire à une date ultérieure ?

Je vous remercie de l'intérêt que vous porterez à ma requête et vous prie de croire en mes sentiments les plus distingués.

À l'impossible nul n'est tenu

Monsieur,

Dans la mesure où nous avons tout subi ces dernières années, serait-il possible à la rentrée prochaine d'avoir pour notre fille un professeur aimable, sérieux et ponctuel, ni stagiaire, ni enceinte, ni de santé fragile et ni militant syndical ?

Avec tous nos remerciements pour l'examen favorable de cette demande.

Tragédie grecque

Monsieur le Directeur,
N'avez-vous vraiment pas votre mot à dire
à l'inspection concernant les remplaçants
de Madame Dupont* ? J'ai en effet la nette
impression que nous sommes tombés de
Charybde en Sylla !
Je souhaite bon courage aux élèves, à vous-
même, aux autres professeurs... et à nous aussi.

* Note de l'auteur : une collègue.

Honnête proposition

Monsieur,
Nous serons très heureux ma femme
et moi si vous acceptez d'être le parrain
du futur petit frère à Marjorie.
Sentiments distingués.

La fourmi n'est pas prêteuse

Mademoiselle,

Je vous prie dorénavant de me convoquer moi, la responsable légale, si vous avez des choses à dire au sujet de la scolarité de Mélanie. Pour le reste, vous pouvez vous abstenir de nous adresser la parole, y compris à mon compagnon. Merci.

Respectueusement malgré tout,

Comme au bon vieux temps

Madame,

Puisque mon fils a un plâtre au bras droit, j'ai eu une idée. Ai-je le droit d'aller en classe avec lui pour lui recopier ses leçons ? Je m'engage à être comme une petite souris.

Dans l'attente, je vous présente mes salutations les plus respectueuses.

V – LES ÉVALUATIONS

C'est l'évaluation qui fait des trésors
et des joyaux de toutes choses évaluées.

Friedrich Nietzsche,
philosophe allemand, 1844-1900

Johnny be cool

Madame,
Il ne me semble pas indispensable
de dramatiser à ce point lorsque les élèves
ont un DS*. Résultat, Gaëtan n'a plus d'appétit,
il ne trouve pas le sommeil, et donc rate le DS.
J'espère que ce n'est pas votre objectif...
Cordialement,

* Note de l'auteur : devoir surveillé.

Stressée

Madame,

Ma fille s'est oubliée dans sa culotte à cause de la pression que vous lui avez mise pour les contrôles. On va voir quand vous serez inspectée si vous n'aurez pas peur, vous aussi ! Sauf que le midi, vous n'aurez pas votre mère pour vous changer !

Salutations.

Docteur ès arts

Madame,

Franchement que Yannick est D en musique on sans fout. Il sera jamais un Picasso et alors ?

L'arroseur arrosé

Monsieur,

Vous avez mis non acquis à Angélique
et elle avait des bonnes réponses.
Et bien moi comme prof je vous met
3 sur 20 et encore !

Au revoir.

Il n'y a pas de sot métier

Madame,

Vos commentaires concernant le livret
de Geoffrey me semblent exagérés, voire
méprisants. Gardez-vous de tirer des
conclusions trop hâtives concernant ses résultats
qui, contrairement à ce que vous lui dites,
n'hypothèquent en rien son avenir. Je vous
trouve bien sûre de vous. Vous n'êtes jamais
qu'un professeur de primaire, que je sache. Je
ne pense donc pas que vous possédiez la science
universelle.

Salutations distinguées.

Ni échangé, ni remboursé

Madame,

J'ai l'honneur de vous demander de bien vouloir être indulgente avec Cédric pour son livret. Son père et moi lui avions en effet promis qu'il n'aurait pas de Noël en cas de mauvais résultats, mais nous avons déjà acheté la plupart des cadeaux. Cela nous permettrait de ne pas perdre la face.

Avec nos remerciements anticipés, recevez, Madame, l'expression de nos sentiments distingués.

Le chat n'est plus là, les souris veulent danser

Madame,

Est-ce que maintenant que le gouvernement a changé vous êtes encore obligée de faire les évaluations ?

Personnellement, ça ne me dérange pas si vous abandonnez cette idée pour le moins saugrenue.

Merci d'avance.

Jalouse

Monsieur,

Pouvez-vous me dire pourquoi Barbara a eu seulement 19 en note de vie scolaire alors que sa voisine a eu 20 ?

Ce n'est pas de la curiosité, ni pour protester, c'est juste pour savoir.

Merci.

Jeu de mots laid

Monsieur,

Lorsque vous parlez de « compétences » et de « compétent », vous l'écrivez en un seul mot ?

Excusez mon mouvement d'humeur et ma blague un peu vaseuse, mais je suis en colère après les directives ministérielles car on ni comprend strictement rien.

Je vous salue toujours respectueusement bien sûr.

Trop sévère

Madame,

Comment voulez-vous que Dorothée fasse des progrès en mathématiques si dès la première évaluation vous lui mettez une mauvaise note ?

Ayez un peu pitié de ceux pour qui ce n'est pas inné !

Salutations.

Donnant-donnant

Madame,

Sur le dernier devoir de Rodolphe, vous avez écrit : « Fait attention à la présentation ».

Je vous suggère en échange de faire attention à votre orthographe.

Avec mes respectueuses salutations.

Sens des priorités

Madame,

Y a-t-il une épreuve de dessin aux concours d'entrée dans les grandes écoles ? Non ! Alors de grâce, n'accordez à cette « discipline » que l'importance qu'elle doit avoir !

Avec mes remerciements.

Mal fagoté

Madame,

Je constate en lisant le livret de Laurent qu'il vous est apparemment plus facile de casser de l'élève que de casser du petit bois.

VI – LE RESTAURANT SCOLAIRE

Qu'un potage soit immangeable,
cela ne tient parfois qu'à un cheveu.
Jules Romains, écrivain français, 1885-1972

Diététicienne

Monsieur,

De quel droit les surveillants de cantine obligent-ils mon fils à terminer son assiette ? Ont-ils des connaissances en matière d'équilibre alimentaire telles qu'ils savent mieux que lui la quantité de nourriture qu'il doit ingérer ? Satiété ne signifie pas se goinfrer ! Et qu'ils ne viennent pas argumenter avec les poncifs habituels concernant la faim dans le monde…

Je vous remercie de bien vouloir réfréner leurs abus d'autorité.

Respectueusement,

4 août 1789 : abolition des privilèges

Monsieur,

Oblige-t-on les professeurs de votre école à manger à ce que la mairie appelle pompeusement le self ?

Ca m'étonnerait fort, au vu de la qualité des repas que l'on sert aux enfants.

A moins que les adultes aient des plats spéciaux, car on attire pas les mouches avec du vinaigre.

Ingérence alimentaire

Madame,

Les surveillants de la cantine ont forcé Grégory à manger son entrée. De quoi ils se mêlent, ceux-la ?

Ogresse

Madame,

Chaque soir, Olga dévore son goûter car elle ne mange rien à la cantine. Et nous, on paye pourquoi ? Vous trouvez ça normal ? Et vous, vous y mangez ?

Service compris

Monsieur,

Dois-je payer un supplément pour complément protéinique ou la limace que mon fils a trouvée dans sa salade est-elle comprise dans le prix du repas ?

Je vous présente mes délicieuses salutations distinguées.

Patates fayots

Monsieur,

Je lis les menus de la semaine du 12 au 16 février : lundi féculent, mardi féculent et vendredi féculent.

Si le traiteur paye une diététicienne, il se fait arnaquer !

Repas équilibré

Madame,

A la tele y dises qui y a trop d'obaises mais Lahcen quand y a des epinars y mange que du pain. Alors un ?

À sec

Monsieur,

En rentrant de l'école, Jolan m'a dit qu'il avait cassé un verre à la cantine et qu'on ne lui en avait pas donné d'autre.

Vous savez très bien que l'eau est indispensable au développement de la vie sur terre et au bon fonctionnement de l'organisme de l'être humain. J'espère pour vous que les reins de mon fils ne se sont pas atrophiés.

En tout cas, c'est la dernière fois que cela se produit.

Avec mes respectueuses salutations.

Quadrature du cercle

Monsieur,

Vos menus, c'est comme les publicités, il faut voir ce que ça donne en vrai, une fois dans l'assiette. Croyez-moi, on goûte la différence. Il n'y aurait pas moyen que ce soit meilleur ?

Mais sans augmenter le prix, parce que c'est déjà assez cher comme ça.

Salutations distinguées.

Précision lexicale

Monsieur,

Notre fils nous a dit que l'eau des brocs de la cantine était « chtouilleuse », pour reprendre l'expression de ses camarades, mais il n'a pas su nous donner plus d'explications.

Pouvez-vous nous éclairer sur ce sujet ? Merci. Cordialement,

VII – LES AUTRES ÉLÈVES, CES VOYOUS

Une école où les écoliers feraient la loi serait une triste école.
Ernest Renan, écrivain français, 1823-1892

Faut pas la graisser

Madame

La prochaine fois que le dénommé Pierre Durand se moquera de la surcharge pondérable de notre famille, et notamment de celle de ma fille Laëtitia, je viendrai en personne à l'école lui prouver que ce n'est pas que de la graisse.

Je compte sur vous pour tancer cet individu et lui faire comprendre qu'il vaudrait mieux pour lui trouver une autre victime et vous en remercie par avance.

Cordialement,

Rime pauvre

Madame,
Je vous signale que des garçons
de la classe appellent mon fils « José
pue des pieds ». Merci de leur dire que
la sudation est un phénomène naturel.
Salutations les plus respectueuses.

Muppet Show

Monsieur,
Avec votre remplaçante, à chaque fois que
des garçons passent à côté de Peggy,
ils font des bruits de cochons.
Pouvez-vous en parlez à cette dame SVP ?
Merci à vous.

Ma Dalton

madame,
si on brossait au savon de marseille la bouche
de tous ceux qui disent des gros mots et insultent
ma fille, ça sentirait bon dans votre classe !
merci de m'avoir lu et au revoir

Haute-couture

Monsieur,
Je vous prie d'avoir l'amabilité de bien vouloir
apprendre au Kévin de votre classe que le rose
n'est pas une « couleur de tantouse », comme
il l'a seriné toute la journée à Edouard, mais que
c'est au contraire une couleur très tendance ce
printemps pour les garçons.
Je vous prie de croire, Monsieur, en l'expression
de ma plus haute considération.

Le disciple a dépassé le maître

Madame,

J'ai le regret de vous informer que vous n'êtes plus la seule pédagogue de la classe, et que vous êtes moins efficace pour transmettre votre savoir qu'un de vos élèves, à savoir Jules Durand. Depuis le début de l'année, grâce à ce camarade aimable et prévenant, mon fils a en effet bien enrichi son vocabulaire en termes de grossièretés.

Les meilleures choses ayant une fin, j'aimerais que vous mettiez un terme à la vocation professorale de ce triste individu.

Avec tous mes remerciements,

Dealer en culotte courte

Madame,

Mon fils m'a dit qu'un camarade lui a proposé de la drogue pendant la classe. Au CP, c'est un peu tôt je crois mais de nos jours on ne sait jamais alors je vous préviens quand même pour faire cesser ce trafic. Mieux vaut couper le mal à la racine.

Merci de résoudre ce problème.

Star Wars

Monsieur,

Depuis que Théophile a ses problèmes de sinus, ses camarades n'ont rien trouvé de mieux que de le surnommer Dark Vador. Merci de faire cesser ces moqueries.

Je vous remercie de votre intervention.

Cordialement,

Discours de la méthode

Madame,

C'était à prévoir. Le Salim dont vous vous portiez pourtant garante a recommencé. Il a traité mon fils et moi par ricochet (fils de p…). Que comptez-vous faire cette fois-ci ? Sévir de manière aussi efficace que la semaine dernière en lui disant : « Ce n'est pas bien mon petit chéri, il ne faut pas recommencer sinon je te ferai à nouveau une remarque » ou passer
à des punitions plus sérieuses ?

Influence télévisuelle

Madame,

La prochaine fois que Bilal il emmerde ma fille, j'ecris a l'academy.

De mauvais poil

Monsieur,
Hier soir, un de vos élèves m'a insultée
à la sortie de l'école et s'est sauvé en courant.
Je vous remercie de bien vouloir lui faire la
morale, puisque ses parents ne s'en chargent
pas.
Vu la taille, ce doit être un CM2. Il est brun
avec des lunettes, il portait un jean et un blouson
noir, il avait un sac rouge et noir et quand
il grimaçait il avait une tête de bouledogue.
Respectueusement,

P... de m...

Merci que Ronnie et Mike y sarrête
d'emmerdé mon fils sinon sa va chié.
Merci madame.

Vengeance !

Madame,

Hier des petites têtes à claque ont baissées
le pantalon à Justine et elle a pleurée parce que
ils ont vus sa culotte qui était pas propre parce
que j'avais pas eu le temps de faire une machine
alors elle a eu la honte.

Je vous fais confiance pour les punir
sévèrement comme ils le méritent parce que
ils aimeraient pas qu'on leurs en fasse autant.

Merci beaucoup.

Excré(me)ment mal élevé

Madame,

Combien de temps encore allez-vous laisser les autres se moquer de la tache de naissance de mon fils en lui disant qu'il a une tache de merde sur la joue ?

C'est le dernier avertissement avant que je ne prenne les choses en mains.

Trop de laxisme tue le laxisme.

Veuillez croire cependant en mes sentiments les plus respectueux.

Cafteuse

Monsieur,

Cela fait déjà deux fois depuis le début de l'année que ma fille se fait embêter par des élèves que vous n'arrivez visiblement pas à maîtriser. Je ne vous prends pas en traître : à la troisième, j'écrirai à votre inspecteur.

Salutations distinguées.

Schtroumpfette

Monsieur,

Est-ce normal que dans votre école des élèves sains de corps et d'esprit donnent à ma fille des sucettes qui rendent la langue toute bleue ? Connaissez-vous la composition de cette friandise ? Est-ce toléré dans votre établissement ? Est-ce inoffensif ? Etes-vous au courant ? Cautionnez-vous de telles pratiques ?

Merci de la célérité de votre réponse.

Explication de texte

Madame,

Auriez-vous s'il vous plaît l'obligeance de donner au petit mais néanmoins déjà célèbre Tanguy quelques leçons d'éducation sexuelle ? Il a en effet dit hier à ma fille, je cite in extenso :

« Ta mère, c'est un pédé ».

J'accepte néanmoins par avance ses excuses.

Petit à petit,
l'oiseau fait son nid

Madame,

Un bonnet, une paire de gants, un manteau et maintenant la paire de tennis dans le sac de sport. A mon avis, quelqu'un se constitue une garde-robe aux dépens de ma fille.

Pouvez-vous dire au voleur que nous donnons déjà à l'armée du salut ?

Cordialement,

Mais que fait la police ?

Monsieur,

Vous savez ce qui se passe en récréation ? Pendant que vos maîtresses boivent leur café sous le préau, mon fils se fait tabasser par des individus peu recommandables.

Je vous demande d'intervenir, sinon je porterai plainte pour non-assistance à mon fils en danger.

Avec mon respect, mais en colère.

Chat !

Madame,

Apparemment, vos élèves ont inventé un nouveau jeu avec ma fille dont ils sont très fiers : touche pipi. Moi, ça ne me fait pas rire.

Merci d'intervenir dans les plus brefs délais.

Cordialement,

Tour de Babel

Monsieur,

Je vous préviens que si les autres continuent a traité Paulo de portos, je vais lui en apprendre des vertes et des pas murs. Et vu toutes les couleurs qu'il y a dans votre école, il va avoir du travail pour tout retenir.

Merci d'avance de faire cessé ces insultes racistes.

Salutations distinguées.

Shocking

Madame,

Hier soir, alors que je réprimandais mon fils, ce dernier m'a fièrement répondu « Tu me broutes les miches », expression qu'il a entendue dans votre école m'a-t'il dit.

A qui plus précisément dois-je adresser mes remerciements pour la nouvelle étendue de son champ lexical ?

VIII – ARRÊTEZ D'EMBÊTER MON CHOUCHOU D'AMOUR !

Les enfants d'une mère sont comme les rêves.
Aucun n'est aussi merveilleux que les siens.
Proverbe chinois

Tout(tou) propre

Monsieur,

Princesse est une petite chienne qui ne fait ses besoins que dans le caniveau, comme nous le lui avons appris. La remarque que vous avez formulée à ma fille est donc totalement déplacée et inopportune. Allez plutôt voir du côté des propriétaires de chiens mal élevés si vous voulez que l'entrée de votre école reste vierge de toute déjection canine.

Veuillez croire, Monsieur, en mes sentiments distingués.

Pas compétent

Monsieur,

Moi, je n'ai pas choisi d'être professeur. C'est donc à vous de trouver les arguments nécessaires pour que Germain fasse ses devoirs.

Merci et bonne chance.

Trissotin

Monsieur,

Vous avez sans doute un charisme indéniable, mais un peu de modestie de votre part nous conviendrait assez, surtout si vous vous en prenez à d'autres qu'à Gwenaël.

Sentiments distingués.

Mauvaise conscience

Madame,
Merci de pardonée à ma fille mais c'est dure pour elle. C'est gentille d'acceptée mes excuses.
Au revoir, merci et pardon encore.
Merci et bone journée.

Grandes eaux

Monsieur,
Les toilettes de votre école puent la pisse ! Ne vous étonnez pas après si ma fille fait sur elle en classe !

In cauda venenum

Monsieur,
Veuillez trouver ci-dessous le lien
vous permettant d'aller directement
lire sur internet le contenu de la loi sur
la diffamation et le harcèlement moral.
Espérant que désormais vous laisserez
mon fils tranquille, je vous prie
de croire, Monsieur, en mes
sentiments distingués.

Des idées sur tout, surtout des idées

Madame,
Vous devez manquer d'imagination puisque
cela fait deux fois que vous donnez le même
verbe à conjuguer à Ludovic. Voulez-vous que
je vous donne des idées de punitions ?
Salutations respectueuses.

Cartésien

Madame,
Pour moi c'est simple : punition injuste signifie pas de punition.
Un point c'est tout.

En toute modestie

Monsieur,
Nous avons fait tester notre fils et si vous connaissiez son QI vous tomberiez en dépression. Alors cessez vos remarques à son encontre s'il vous plaît.
Cordialement,

Vivent les vacances !

Monsieur,
Vous avez dit à mon fils qu'il venait en classe en touriste. Mais vous, de votre côté, n'avez-vous pas l'impression de jouer au GO* ?

* Note de l'auteur : gentil organisateur, animateur au Club Med.

Bon à savoir

Madame,
Maintenant que vous avez puni Sylvain alors qu'il n'a rien fait je vous informe que ma belle sœur travaille à l'inspection académique, au même étage que votre inspecteur, si vous voyez ce que je veux dire…

The Voice

Madame,
Vous dites a ma fille quelle chante faut mais vous croyez qu'a la télé y chante tous justes ?
Au revoire madame.

Record en vue

Madame,
3 semaines de classe seulement et déjà 3 punitions pour mon fils. Vous comptez garder le même rythme toute l'année scolaire ?
Salutations

Aux grands maux les grands remèdes

Madame,

Et si je disais au ministre que vous en avez toujours après ma fille, ça vous ferait quoi ?

Rodin

Monsieur,

J'ai ma liberté de pensée. Et je pense que vous avez tort de toujours punir mon fils. Même quand il a rien fait. Voilà.

Alors arrêtez SVP.

Cordialement mais quand même.

Vache de prof

Madame,

Mardi, quand vous avez grondé
Noémie, elle a laché une perle et même
plus et elle a eu la merde au cul toute
la journée et le soir ça fesait comme
une bouse sur le cul d'une vache.
SVP il faut plus crié elle sera sage
promis.

Merci madame.

Les paris sont ouverts

Madame,

Je note encore une punition injustifiée pour
Tristan.

On va voir qui va se lasser le premier :
lui de vos punitions injustes ou vous de ses
bêtises imaginaires.

Mais maintenant c'est moi qui vais décider
s'il les fera ou pas.

A bientôt.

Exaltée

Madame,
Je vous demanderais un peu plus
de modération dans vos commentaires
correctifs.
Merci de votre compréhension.

Délit de faciès

Madame,
C'est pas parce que Baptiste il est de
nationalité noir qu'il faut le punir.
Merci.

Autodéfense

Madame,

Merci de rendre le couteau à Sébastien. C'est moi qui lui a donné pour se défendre parce que le soir dehors c'est chaud alors je sais qu'il a un couteau dans son sac et c'est pas vous qui habitez ou on habite.

Au revoir.

Acharnement

Et pourquoi c'est toujours mon fils qui est puni ? Et les autres alors ?

Chacun son tour un peu !

Freud

Monsieur,

Le docteur psy il a dit que c'etait de ma faute si Virgil il foutait rien en classe.

Vous voyez que sa sert a rien de le grondé. C'est pas de sa faute. Et moi je suis trop grande pour etre grondé.

S'il vous plait monsieur ?

Axiome

Madame,

Est-ce Francis qui a jeté des boulettes de papier dans votre classe ? Non ! Alors expliquez-moi pourquoi vous lui demandez de les ramasser ? C'est aux coupables de le faire, et uniquement à eux.

CQFD.

C'est ce qu'on appelle le principe du pollueur-payeur.

Salutations.

Quoi coâ ?

Madame,
Ma fille est pas une grenouille alors je vois pas pourquoi vous l'obligez a nagée.
En plus elle a bue la tasse et y en a qui font pipi dans l'eau.
Au revoir madame

Poule mouillée

Madame,
Vous dites que la piscine est obligatoire mais vous, vous ne vous baignez pas et vous ne vous mettez même pas en maillot de bain. Sauf que moi, je sais pourquoi, c'est parce que vous êtes en surpoids comme Coralie et moi.
Alors laissez ma fille tranquille.
Salutations distinguées.

Contre-révolutionnaire

Et voilà, une fois de plus, c'est Jordan qui prend !

Décidément, Monsieur, permettez-moi d'écrire, malgré tout le respect que je vous dois, et toutes proportions gardées, que vous êtes le Staline des CM2 !

A quand le goulag pour mon fils ?
Respectueusement à vous.

Sadique

Madame,
Sa vous fait plésir de punir mon fils ?
Ou bien quoi ?
Au revoir

IX – LES PÉDAGOGUES

Il n'y a pas de pédagogie, il n'y a que des pédagogues.
Daniel Pennac, écrivain français, né en 1944

C'est bien plus beau lorsque c'est inutile

Monsieur,

Esque vous pouvez me dire a quoi esque sa sert que Kevin il apprend sa lecon si vous l'intérogez pas ?

À l'ancienne

Madame,
Vous laissez pas vous marchez sur les pieds par
mon fils qu'est un sacré. Il faut le punir de récré
et le maitre au coin et lui en maitre une.

Hérédité

Madame,
Je donne mon accor pour le soutien a Dorothée.
Moi aussi a son age j'avais du mal et il faut
quelle travail.

Jugement définitif

Madame,
Sachez que je ne valide pas vos méthodes pédagogiques. Cependant je vous rassure : dans l'intérêt de ma fille, je ne lui ai rien dit.
Je vous adresse mes salutations distinguées.

jM pa lè SMS Kr J konpran ri1

Monsieur,
Les smileys que vous mettez à mon fils, c'est du chinois pour moi. C'est pas possible de mettre des notes plutôt ? Comme ça les parents comprendront si leur enfant a de bonnes notes ou pas ! C'est plus simple, non ?
Merci de me faire plaisir.

Il ne faut compter que sur soi-même

Monsieur,
Vous demandez une calculatrice à mon fils.
Mais moi je veux qu'il apprenne à compter tout seul. On n'est qu'à l'école primaire. Halte au diktat de la technologie !

Les boules ! Ça craint ! Ça l'fait pas !

Madame,
Je suis daccord avec vous. C'est vraiment les glandes que Barbara elle arrive pas à apprendre 3 lignes !!!

Et pour le papier ?
Et pour l'encre ?

Madame,

Certes, mon enfant s'est un peu inspiré sur internet pour son devoir. Mais de là à lui mettre zéro ! Vous pourriez au moins récompenser le temps et les efforts passés à effectuer les recherches !

Merci de revoir ça.

Évaluation formative

Madame,

Est ce que vous pensez a nous quand vous notez sans mettre de note ? C'est pas claire du tout, votre histoire ! Et comment on fait pour savoir si on doit gronder notre enfant ou pas ?

Pouvez-vous nous expliquer SVP ? Merci et excusez moi.

13ᵉ mois

Madame,

Je sais bien que vous touchez
une prime si tout le monde passe. Mais
ma fille, elle est vraiment trop nulle.
Il faut quelle redouble.

Tant pis pour vous. Désolé.

Avec tout mes regrets et mes
salutations distinguées.

Médaillé Fields

Madame,

Quoique vous dites et quoique vous faites,
2 et 1 ça fera toujours 3, alors ne vous compliquez
pas la vie avec vos nouvelles méthodes et laissez
moi apprendre à ma fille avec une méthode qui
a fait ses preuves puisque moi je sais faire une
division.

Salutations reconnaissantes.

Légaliste

Madame,

Pourriez-vous me donner les références du nouveau texte de loi qui abroge l'arrêté du 23 novembre 1956, lequel interdit les devoirs à la maison ? Dans la mesure où vous êtes fonctionnaire, donc soumise à obéissance, et que ma fille passe une heure chaque soir à travailler, j'ai en effet dû laisser passer un décret.

Cordiales salutations.

Vous avez du feu ?

Monsieur,

Ne vous en faites pas, vous pouvez gardé le briquet que vous avez confisqué à Walter, je n'en ai pas besoin et je ne vais pas me déplacée de chez moi pour ça. En plus, ça lui apprendra.

Merci de votre compréhension.

Homo homini lupus est

Madame,

Oui, Christian s'est battu dans la cour. Et alors ? C'est moi qui lui ai dit de se défendre. Vous croyez qu'en dehors de l'école, dans la vraie vie, c'est le monde des Bisounours ?

J'assume. Si vous voulez punir quelqu'un, adressez-vous donc à moi.

Cordialement,

Le détail qui change tout

Madame,

Je me permets d'apporter une correction
à la photocopie que vous avez distribuée hier,
correction qu'il me semblerait utile de porter
à la connaissance de l'ensemble des élèves
de votre classe.

L'échassier qui illustre votre texte n'est en effet
pas un héron cendré, comme écrit par erreur
dans la légende, mais un héron à tête blanche
(ardea pacifica).

Ne devons-nous pas dès maintenant donner
à nos enfants le goût de l'exactitude ?

Avec toute ma considération,

Mot à tifs

Madame,

Ne vous étonnez pas de la coupe de cheveux de mon fils ce matin. C'est parce qu'il a perdu son pari et moi son père j'estime qu'il est important de tenir sa parole quand on l'a donnée. La prochaine fois, il réfléchira.

Cordialement,

Avec modération

Madame,

Je soussigné, Pierre Durand, père de l'élève Guylain Durand, autorise sa maîtresse à lui donner une claque quand il en a besoin.

PS : Mais pas trop fort.

Supporteur inconditionnel

Madame,

J'atteste par la présente lettre de ma solidarité avec vos décisions, même quand vous vous trompez.

Peur sur la fille

Madame,

Je vous informe que ma fille a fait des cauchemars toute la nuit suite au film que vous avez passé en classe hier. Les nouvelles méthodes pédagogiques ont sans doute trouvé là leurs limites…

Respectueusement,

Tu vas voir ta g...

Monsieur

N'hésitez pas à me dire si Mathieu fait n'importe quoi en classe, je lui règlerai son compte à la maison.

Merci de votre compréhension car je ne veux pas que mon fils devienne un voyou.

Libre opinion

Faire du kayak trois heures chaque jeudi après-midi, c'est très bien. Mais pendant ce temps, à l'école privée, ils font du français, des maths et de l'anglais. Elle est où, l'égalité des chances ?

Milice privée

Monsieur le directeur,

Suite aux problèmes rencontrés jeudi dernier, je vous propose de venir faire la sortie des classes chaque soir jusqu'aux vacances afin de calmer un peu les esprits. Notre école ne doit pas devenir le Bronx et ce n'est pas quelques voyous non-éduqués qui doivent troubler la sérénité de votre établissement scolaire.

Dans l'attente de votre réponse et restant à votre entière disposition, je vous prie d'agréer, Monsieur le directeur, l'expression de mes sentiments les plus distingués.

Petite nature

Madame,

Je vois vraiment pas pourquoi vous apprenez à mon fils à monté sur une boule ? Il a dit que vous leur avez dit que c'est le cirque ! Mais on veut pas qu'il devient un cloun ! Déjà qu'il est doué pour ça en classe ! Et en plus il a le vertige ! Et il ma dit qu'il est tombé ! Et on veut pas qu'il se blesse parce que il manque de calcium et les os se réparent pas facilement !

Merci de tenir compte de mon mot. Vous savez, il vous aime bien quand même.

Hussarde noire de la République

Madame,

Sauf erreur de ma part, il me semble que les pratiques pédagogiques ont quelque peu évolué depuis votre passage à l'école normale d'institutrices, ce dont je ne me rends pas forcément compte de prime abord en lisant vos cours...

Veuillez croire en mes respectueux sentiments.

Superfétatoire

Madame,

Il est or de question que mon fils vient en cour de soutien en francais. Il est pas fou.

En revoir.

Assurance tous risques

Monsieur,

Vous en fêtes pas pour Ahmed. J'ai dit a sa mère de s'en occupé. Il va obéire maintenant. Si non tant pis pour elle.

Avec mon respect.

Tromperie

Monsieur,

Que je sache, jusqu'à l'adultère, c'est moi le responsable de mon fils. Alors laissé moi l'éduqué à ma manière qui n'est pas pire que la votre.

Un homme averti en vaut deux

Monsieur,

Autant vous prévenir tout de suite : si vous punissez mon fils à chaque fois qui l'ouvre en classe, vous n'avez pas fini ! Bon courage pour cette année ! En tout cas ça n'a pas l'air très bien partie.

Salutations.

Méthode forte

Monsieur,

Je suis daccord pour que vous êtes le père a mon fils a l'école comme sa vous pouvez le tapé si il fait une connerie.

X − PARENTS + PROF = AMOUR

Les professeurs ouvrent les portes
mais vous devez entrer vous−même.
Proverbe chinois

I'm a poor lonesone pupil

Madame,

Nous sommes une famille unie, nous travaillons dur et ne faisons de mal à personne. Devons-nous divorcer, nous saouler, nous prostituer et frapper notre fils pour que vous vous intéressiez un peu à lui ? Il ne nous semble pas exagéré que chaque élève bénéficie d'un peu d'attention de la part de celle qui est chargée de l'instruire.

Nous sommes à votre disposition si vous souhaitez nous rencontrer.

Nul n'est censé ignorer la loi

Monsieur,

J'ai bien noté que vous me réclamiez l'argent des photos. Mais êtes-vous certain que vous aviez le droit de prendre ma fille en photo ?

Bien à vous,

Trop, c'est trop

Madame,

Sa suffit maintenant : y'a des jours ou il faut pas me cherché, et y'a des jours tous les jours.

Tenez vous le pour dit.

La boulette

Monsieur,

Juste quelques mots pour égayer votre journée : la personne à qui vous avez grillé la priorité hier et à qui vous avez poliment adressé un doigt d'honneur… C'est moi !

Avec mes salutations respectueuses,

La boulette *(bis)*

Monsieur le Directeur,

Le sobriquet dont vous m'affublez m'aurait peut-être fait sourire si vous me l'aviez dit en face. Mais l'entendre par inadvertance alors que je venais vous voir dans votre bureau ne m'a pas été très agréable aux oreilles, doux euphémisme.

Veuillez croire, Monsieur le Directeur, en ma plus haute considération.

Errare professorum est

Madame,

Vous prétendez être professeur mais vous ne savez même pas calculer la moyenne de mon fils. Heureusement qu'à Bercy, ils ne calculent pas votre salaire de cette manière !

Respectueusement,

Signé : un père d'élève pas content de votre erreur

Il faut sévir

Monsieur le directeur,

Vous connaissez la fameuse phrase « travailler plus pour gagner plus » ? Chez madame Dupont, c'est plutôt « travaillez moins pour gagner plus » !!! Allez donc faire un petit tour du côté de sa classe. Vous verrez bien que, comme dit mon fils, c'est vraiment le bordel.

Je vous remercie de bien vouloir rappeler à cette maîtresse les principes élémentaires de son métier. C'est vous le chef, non ?

Respectueusement vôtre,

La curiosité est un vilain défaut

Madame,

Vous n'avez pas à vous mêler de notre vie privée. Punissez notre fils quand vous voulez sur les heures scolaires, mais, en dehors, c'est notre problème. On gère notre vie comme on l'entend. Il n'est pas question que nous nous déplacions à six heures du soir à l'école pour venir le récupérer. Vous n'avez qu'à le ramener à la maison en voiture, à vos risques et périls. On travaille, nous !

Dermatologue

Madame,

Permettez-moi en toute amabilité de vous donner un petit conseil : vu la durée des récréations lorsque vous les surveillez, vous devriez vous mettre de la crème solaire, porter un chapeau et protéger vos yeux avec des lunettes de soleil.

Et pendant ce temps, nos enfants se préparent-ils pour le collège ?

Salutations distinguées.

Coucou c'est moi !

Madame,

Ca vous ferait plaisir si votre inspecteur il venait par surprise comme vous vous faites des interros surprise ? Alors ayez pitié des enfants ou je lui dit de passer vous voir.

Merci et mes salutations.

La Castafiore

Madame,

Votre accent du midi ensoleille la classe. Mais quand vous criez sur nos enfants, on dirait une poissonnière et on vous entend de dehors. Merci de ménager leurs tympans.

Sans rancune et bonne journée à vous.

Tous unis dans l'adversité

Monsieur le directeur,

La maîtresse de Quentin fait l'unanimité contre elle dans notre famille. Que pouvons-nous faire ?

Doucement le matin, pas trop vite l'après-midi

Madame,

Vous avez déjà la semaine de quatre jours. Vous ne voulez pas en plus la journée de quatre heures ?

Alors respectez les horaires s'il vous plaît. Nos enfants sont à l'école pour travailler.

Salutations distinguées.

Humours différents

Monsieur,

Votre histoire de chasse au dahu pendant la classe de neige, ce n'était pas drôle du tout. La preuve, c'est que Morgan nous a fait marcher toute la soirée avec ça. Et notre autorité parentale, alors ?

L'école, c'est sérieux, même à la neige !

Salutations.

Gouverner, c'est prévoir

Madame,
Pouvez-vous me dire si vous serez là l'année prochaine ? C'est pour savoir si j'inscris mon fils dans le privé ?
Salutations.

Chacun pour soi

Monsieur,
Vous plaisantez j'espère ? Si vous croyez que je n'ai que ça à faire ! Vous êtes payé pour exercer un métier, et moi aussi. Les histoires d'école ne regardent que vous. Et moi, je vous fais part de mes problèmes de bureau sans doute ?
Bonne journée.

Scribouillarde

Monsieur,
C'est bien moi qui a écrit le mot et je n'apprécis pas que vous dites a mon fils comme quoi c'est lui qui la écrit.

Précision suisse

Madame,
L'exactitude est la politesse des rois, disait Louis XVIII. Etes-vous régicide ?
Cordialement,

Les bons comptes font les bons amis

La France doit des milliards et vous, vous me faites un pataquès pour dix centimes ? Mais vous vous prenez pour qui ? Le sauveur de la nation ?

Rancunier

Monsieur,

J'espère que ce n'est pas avec l'argent de la coopérative scolaire que vous avez acheté le cadeau de départ à la retraite à madame Dupont*.

Parce que moi, cette dame, je ne lui dois rien et je ne pleurerai pas son départ !

Bon vent à elle et respectueusement à vous.

* Note de l'auteur : une collègue.

Vexée

Madame,

Vous avez dit à Mélanie qu'elle devrait peut-être aller consulter un ophtalmologiste. Est-ce que nous, nous vous conseillons d'aller voir une orthophoniste au vu des fautes d'orthographe qui émaillent les photocopies que vous distribuez à vos élèves ?

Je vous remercie donc de bien vouloir nous laisser jouer notre rôle de parents auprès de notre fille.

Cordialement,

Économe

Vous me demandez encore un mot ? Mais qui c'est qui paye l'encre et le papier ? C'est vous peut être ? Alors ? Vous faites moins le malin maintenant !

Merci et sans rancune.

Fainéants !

Je note hier 28 juin
1) rentrée à 08 h 45
2) récréation de 10 h 00 (et même 09 h 55 pour les CE2A) à 10 h 30
3) rentrée à 13 h 45
4) récréation de 15 h 00 à 15 h 45
5) par contre à l'heure pour la sortie du matin et celle du soir
Ca va, c'est pas trop long entre les poses ?

Amour quand tu nous tiens

Mademoiselle,
Pendant les récréations, merci de bien vouloir éviter les attitudes par trop personnelles dans votre classe avec votre collègue du CM1 car il y a des enfants qui vous voient quand ils vont aux toilettes.
Cordialement,

Flash

Monsieur,

Même les radars ont des panneaux pour indiquer leur présence. Et pourtant, hier, Xavier a été puni sans que vous ne l'ayez prévenu. Alors où est la justice ? Etes-vous au-dessus des lois ? On verra bien votre réaction quand vous vous ferez prendre.

Salutations distinguées.

Beau gosse

Monsieur,

Le matin c'est bien beau de faire le paon au portail en roucoulant devant votre cour de mères d'élèves mais pendant ce temps ma fille elle se les gèlent dehors en vous attendant et toutes les autres classes sont rentrées.

Bonjour la mentalitée !

Au revoir.

XI – LES PARENTS ENTRE EUX

Un enfant prodige est un enfant dont les parents ont beaucoup d'imagination.

Jean Cocteau,
poète français, 1889-1963

Hypocrite

Monsieur,

Un grand merci pour ne pas avoir mis mon fils avec Stéphane Durand. Hier soir, sa mère était en colère. Je l'ai calmée en lui disant que tant pis, même si ce n'était pas correct de votre part, on ferait contre mauvaise fortune bon cœur. Elle ne devrait donc pas venir vous voir pour protester. En tout cas, si c'est le cas, ne cédez surtout pas !

Vous renouvelant mes remerciements, je vous souhaite une excellente année scolaire.

V pour vendetta

messieur
vendredi kevin a tapé jordan
mais c'est parce que il lavait traité. et
bien ce wikend son père ma dit que si il
recommence il lui arangera le portrait.
alor je vous préviens tout de suite que si
y touche a mon fils je lui éclate la tête
et sait pas moi qu'est commencé vous
étez témoin parce que ya une preuve
parce que j'ai écrit une lettre.
merci messieur.

Profession concierge

Monsieur,

Je vous informe sous le seau du secret que les parents à Julie Durand s'engueulent tous les soirs et que parfois ils se battent. Je le sais car je suis leur voisine. C'est pour ça quelle travaille mal à l'école et quelle a des mauvaises notes.

Je compte sur votre discrétion pour cette information confidentielle défense car je veux garder des relations de bon voisinage mais leur petite me fait pitiée.

Je vous présente mes meilleures salutations distinguées.

Mise au point

Monsieur le directeur,

Je vous écris ces quelques lignes en ce début d'année pour éclaircir une situation qui pourrait vous paraître compliquée à première vue.

Depuis cet été, je vis avec un homme qui n'est autre que l'ancien conjoint de madame Durand*. Le nouveau beau-père de Maxence est donc le papa de Ludovic Durand, qui porte son nom, mais il n'en a plus la responsabilité depuis août.

Je vous prie donc de bien vouloir noter ce changement par rapport à l'année dernière. Pour faciliter les choses, le

* Note de l'auteur : mère d'élève.

mieux est à mon avis de vous adresser exclusivement à madame Durand pour Ludovic et à moi pour Maxence, car l'homme qui viendra chercher Ludovic n'est que le nouveau copain de sa mère. Il n'a aucun titre légal et ça pourrait vexer son vrai papa (mon actuel compagnon).

De plus, vous comprendrez aisément qu'il est préférable en classe de séparer Maxence et Ludovic pour toutes les raisons exposées ci-dessus.

Restant à votre entière disposition pour tout renseignement complémentaire, je vous prie de croire, Monsieur le directeur, en l'expression de mes sentiments les meilleurs.

Question de principe

Monsieur le directeur,

Je ne veut plus que ma fille joue avec Stéphanie car mon mari bientôt ex mari ma trompée avec sa mère.

Merci d'avance monsieur le directeur.

Regrettable confusion

Monsieur,

Les parents de l'élève de votre classe qui devaient nous passer le DVD de classe de neige nous ont en fait donné un DVD classé X.

Veuillez le trouver ci-joint sous enveloppe fermée. Pouvez-vous les contacter afin qu'ils nous donnent le bon DVD ?

Nous vous en remercions par avance et vous prions de croire en nos sentiments les plus distingués.

Génétique

Monsieur,

Vu que le père de Sofiane est encore en prison,

Vu que sa mère est aux abonnés absents pour élever toute la smala,

Vu que ses grands frères trafiquent dans la cité, Vu que le tout donne une famille un peu louche,

J'interdis formellement à mon fils Jean Durand tout contact avec son camarade Sofiane.

A Trifouillis-les-oies le 6 septembre 2013

Envie pressante

Monsieur,

Si vous trouvez que ça sent l'urine quand vous ouvrez les fenêtres de votre classe, demandez à Lucien Durand et à son père ce qu'ils en pensent depuis hier soir vers les 22 h 45 si vous voyez ce que je veux dire. Mais moi je ne vous ai rien dit.

Meilleures salutations.

Vaste débat

Madame,

Pouvez-vous me dire s'il est normal que je paye le tarif maximum pour la classe de neige alors que dans la classe de Fabrice il y en a pour qui c'est gratuit dont un qui roule en BMW ?

XII – LES INCOMPRÉHENSIONS

Je me heurte parfois à une telle incompréhension
de la part de mes contemporains
qu'un épouvantable doute m'étreint :
suis-je bien de cette planète ?

Pierre Desproges,
humoriste français, 1939-1988

Racisme

Madame,
Et pourquoi ce qui vont en soutient sait pas des vrais francais ? Hein ?

Antiphrase

L'absence de Franck est parfaitement justifiée. Je ne vois donc pas pourquoi je vous ferais un mot.

Relookeuse

Madame,

Vous allez me dire que cela ne me regarde pas mais, en tant que maman, je trouve vos tenues bien provocantes pour un professeur chargé d'éduquer nos enfants.

Même si vous êtes jeune et plutôt bien faite de votre personne d'après les dires de certains pères d'élèves, n'oubliez pas que vous avez dans votre classe des garçons qui entrent dans l'adolescence, avec tout ce que cela implique au niveau des hormones.

Je vous prie de croire, Madame, en mes salutations les plus respectueuses.

Les quatre coins de l'Hexagone

Monsieur,

Daphnée a opéré un véritable virage à 360 degrés : elle qui faisait auparavant ses devoirs avec enthousiasme et application tente depuis quelques jours de nous les dissimuler et traîne désormais les pieds pour aller à l'école.

C'est pourquoi j'ai l'honneur de solliciter un rendez-vous afin de trouver la cause de ce changement.

Avec toute ma considération.

La belle et les bêtes

Madame,

Vous voulez que j'achète la photo de classe de ma fille ? Non mais vous avez vu la tête des autres ? Alors c'est non merci !

Cordialement

C'est la jungle

Madame,

Je comprend rien aux groupes que vous avez fait en classe. Mike me dit qu'il y a les guépards, les girafes, les éléphants et les tortues. On est pas en afrique !

Dure réalité

Monsieur,

Faut-il être délégué de parents d'élèves pour que son enfant est de bonnes notes ?

Je précise que je plaisante mais je ris jaune quand même.

Respectueusement,

Obsédé

Madame,

Je vous mets en garde en toute amitié : lorsque vous distribuez un document élaboré par vos soins, méfiez-vous des expressions qui vous paraissent anodines de prime abord, comme « planter la tente ».

Cordialement,

Mauvais coup (de téléphone)

Merci de ne pas me téléphoner lorsque cela me dérange.

Salutations.

Le matin du grand soir

Monsieur,

Vous avez vu hier sur TF1 ceux qui ont dit ? Ils vont viré 1 fonctionnaire sur 2. Si ils fermes la moitié des classes faut pas vous laissez faire ! On va faire une manif ! Vous pouvez comté sur nous.

On est avec vous, monsieur.

Bon courage et au revoir et a bientot.

1er degré

Madame,

J'ai été au docteur hier et bien il ma dit que ma fille était pas à l'airgique au travail comme vous lui avait dit l'autre jour. Et lui il est docteur et pas vous.

Ah.

Élémentaire, mon cher Watson !

Madame,

Votre exercice était bien trop dur !

La preuve, c'est que même moi son propre père je n'ai pas réussi à le faire ! Et pourtant j'ai été au collège dans ma jeunesse !

XIII – TRAVAIL FACULTATIF

L'homme n'est pas fait pour travailler.
La preuve : ça le fatigue.
Anonyme

Cinéphile

Madame,

Le soir, moi je rentre du travail et je fait la cuisine et la vaisselle et après c'est le film. Quant est-ce que vous voulez que je fasse les devoirs à Bruno ?

Salutations distinguées.

Omerta

Madame,

Hier à la télé ils ont dit que les devoirs étaient interdit à la maison. Et vous vous en donnez à ma fille. Alors je vous dénonce pas parce que je suis pas une balance mais il faut pas lui donnée de mauvaise note. D'accord ?

Bonne journée et comptez sur mon silence.

Fa bémol (vaut mi)

(mot scotché à un sac congélation fermé)

Madame,

Veuillez trouver ci-joint la preuve que mon fils a bien fait ses exercices. Hélas, notre chien a malencontreusement vomi dessus.

Veuillez accepter toutes nos excuses.

Brigandage

Madame,

Je certifie que Christophe avait bien fait son DM* à rendre pour aujourd'hui mais nous nous sommes fait cambrioler ce week-end et il a disparu avec le reste.

Respectueusement,

* Note de l'auteur : devoir maison.

Faute avouée est à moitié pardonnée

Monsieur,

Je vous informe que mon fils n'a pas fait son exercice de maths. Mais comme il ne veut pas faire d'études scientifiques plus tard, ça n'a pas d'importance, n'est ce pas ?

Il est des nôôôôôtres

Madame,

Aurélien n'a pas fait ses devoirs car ce week-end c'était les noces d'or de ses grands-parents. Tous ses cousins-cousines étaient là, et il en a bien profité parce qu'il y avait une super ambiance.

Noces d'étain

Madame,

Dix ans de mariage, ça se fête, non ? En tout cas, c'est ce que je vous souhaite. Tout ça pour vous dire que Jérémy n'a pas fait son travail.

Bien cordialement,

OK, no problem, man

Madame,

Teddy n'a pas eu le temps d'apprendre sa poésie hier soir. Mais je ne sais pas si c'est si grave qu'il faille le punir, alors soyez cool...

Pied de nez

Mademoiselle,

Je vous informe qu'Arnaud n'a pas appris ses leçons à cause de sa fracture du pied.

Je vous remercie d'en tenir compte.

Tâche insurmontable

Monsieur,

Si vous voulez que mon fils fasse ses devoirs, donnez lui des exercices plus faciles et il les fera.

Il suffit d'y penser, c'est pas plus compliqué.

XIV – PAUVRE PETIT(E) INNOCENT(E)

L'innocence est toujours impossible à démontrer.
Jean Giono, écrivain français, 1895-1970

Erreur judiciaire

Madame,

Isidore est innocent du vol dont vous l'accusez par erreur vu que c'était sa propre barre chocolatée et pas celle du plaignant. La preuve, c'est qu'il m'en reste encore de la même marque à la maison. Attention, il est très fragile psychologiquement et vous l'avez complètement déstabilisé. S'il lui arrive quelque chose, un suicide par exemple, vous porterez une lourde responsabilité.

Je me réserve le droit de porter plainte et de le dire à votre inspecteur.

Salutations

Erreur judiciaire (bis)

Madame,

Permettez-moi de vous dire que vous faites erreur. Benjamin n'a jamais volé de sa vie. Il a tout ce qu'il faut à la maison et nos salaires nous permettent encore de lui acheter des fournitures scolaires. Vous voulez que je vous montre nos fiches de paie ? Je ne vois vraiment pas pourquoi il fouillerait dans les trousses des autres.

La prochaine fois, avant d'accuser notre fils, menez votre enquête plus sérieusement.

Je reste à votre disposition.

Lama des Andes

Monsieur,

Je suis entierement d'accord avec vous, c'est pas bien de craché sur un professeur et vous avez raison de punir ça. Mais c'est pas ma fille qui la fait. Elle y est pour rien dans cette histoire. Vous avez des preuves ? Pourquoi vous me dites pas le nom des témoins ? C'est grave ce que vous faites. Comptez sur moi je me laisserai pas faire.

Au revoir.

Saint Innocent

Monsieur,

Mon fils est incapable de faire ce dont vous l'accusez. En plus, hier après-midi, vous m'avez dérangé au travail. Je ne suis pas à votre disposition, moi. J'hésite à appeler votre inspecteur.

Salutations.

L'œil de Caïn

Madame,

J'espère pour vous que vous avez agi en toute connaissance de cause lorsque vous avez privé Antoine de récréation.

Ne vous plaignez pas ensuite si notre fils montre moins d'empressement à votre égard qu'envers sa maîtresse de l'année dernière qui, elle, savait le prendre.

Ne trouvez-vous pas étrange en effet qu'un enfant de huit ans se bloque ainsi face à un adulte ? Le propre du pédagogue responsable n'est-il pas de se remettre en question face aux difficultés cognitives de l'apprenant ? Que pouvez-vous donc déduire de son changement d'attitude ?

Je vous laisse avec votre conscience et vous prie de croire en mes sentiments distingués.

Principe du contradictoire

Monsieur,

J'ai lu attentivement votre version des faits. Maintenant, c'est à votre tour d'écouter mon fils vous dire ce qui est vrai et ce qui est faux dans ce qu'a raconté la maîtresse.

Ensuite seulement vous pourrez prendre une décision que j'espère juste. L'innocenter par exemple.

Restant à votre disposition, je vous adresse mes cordiaux sentiments.

SOS DCRI*

Monsieur,

Hier, dans le feu de l'action, vous m'avez certifié au téléphone que c'était Antoine qui avait cassé la vitre.

Mais aujourd'hui, à froid, êtes-vous toujours sûr de vous à cent pour cent ? Vous savez très bien que le témoignage d'un mineur ne vaut rien. Vous-même, étiez-vous physiquement présent sur les lieux lorsque cela s'est passé ?...

Antoine a certes avoué. Mais n'était-ce pas par peur d'une éventuelle sanction ? N'avez-vous pas abusé de votre statut et de votre fonction pour extirper ces aveux ?...

Je me permets de vous écrire car notre fils est on ne peut plus calme à la maison et suis vraiment surpris de cet acte qu'en ce qui me concerne je mets au conditionnel.

* Note de l'auteur : direction centrale du renseignement intérieur.

Il me semble que dans cette histoire seule une enquête approfondie, indépendante et menée par des professionnels, rendrait un verdict impartial, auquel je me soumettrais sans problème car je suis respectueux des lois et je ne fuis pas mes responsabilités de père.

En attendant les résultats que vous ne manquerez pas de me communiquer par honnêteté intellectuelle, je vous prie de croire, monsieur, en mes sentiments les plus respectueux.

Gestapiste

Monsieur,

Il est tout à fait normal que vous cherchiez un coupable, c'est le contraire qui eût été étonnant. Cependant, il est inutile de soupçonner Christian car il m'a certifié hier droit dans les yeux qu'il n'avait rien fait.

Je vous remercie donc de bien vouloir cesser immédiatement vos interrogatoires à son encontre.

Salutations distinguées.

Qui c'est qui commande ici ?

Monsieur,

Lucas n'a encore jamais été collé. Ce n'est donc pas aujourd'hui qu'il va prendre pour les autres.

Moi son père, je vous dis donc qu'il n'effectuera pas son heure de colle lundi. Je viendrai en personne le chercher à la fin de ses cours, à 16 heures.

Soyez pas vache !

Madame,
Excusez mon fils pour le meuh d'hier :
c'était sa grand-mère qui l'appelait.
Ce n'était donc pas sa faute. Merci de lui
rendre son portable car je ne peux pas
me déplacer.

Tibétain

Monsieur,
Ce n'est pas parce qu'il va y avoir les J.O.
à Pékin qu'il faut enfermer mon fils innocent
en classe et le priver de récréation.
Et les droits de l'homme alors ?

Responsable mais pas coupable

Monsieur,

Evidemment que mon fils s'est battu !
C'est parce que c'est l'autre qui l'a
tapé ! Et qui surveillait la cour ?
Personne, comme dab ! Alors faudrait
un peut dire aux surveillants de
surveiller et mon fils, il se battra plus !

Voila !

Caliméro

Monsieur,

C'est toujours pareil, mon fils est dans tous les
coups. Il n'est pas méchant pour un sou mais il se
laisse entraîner par les autres. Mais à mon avis, la
maîtresse doit quand même lui en vouloir. Vous
ne croyez pas qu'elle exagère un peu les faits ?
Ce n'est qu'un enfant après tout !

Merci de lui pardonner.

PS : et toutes mes excuses à la maîtresse

XV – EN TOUTE CONFIDENTIALITÉ

*La confidence n'est parfois
qu'un succédané laïque de la confession.*

Jules Romains,
écrivain français, 1885-1972

Pet !

Monsieur,
Fait gaffe, il y a mon ex qui veut vous
faire la peau à cause que Corentin il a
des notes pourries.

Verlan

Monsieur,
Si vous virez Arnaud sa va etre un truc de ouf avec son père. Alors gardez le SVP merci.

Beau merle

Madame,
Hier a Carrefour, c'est pas vous que je siflais, c'était mon chien.
Alors pardon, je m'excuse du font du coeur. J'espère que vous ment voulez pas et que vous le direz pas.
Merci et bonne journée. Encore pardon.

Cordon Bleu

Madame,
Je vous rendrais le livret à Mehdi que jeudi
parce que hier j'avais fait un gateau et je ne
voulais pas que mon mari il prive Mehdi de
dessert.
Je vous re merci de votre gentillesse.

Laissez-la vivre

Madame,
Excusée ma fille, j'ai pas la tête a m'en occupée
parce que je suis en cloque et il faut que
j'arrange ça. Le dite pas a mon mari surtout.

Tout part à vau-l'eau (d'égout)

Madame,

Veuillez excuser l'odeur corporelle de mon fils ce matin, mais nous avons eu des problèmes de fosse septique ce week-end.

Avec mes respectueuses salutations.

Chacun son tour

Madame,

Je vous prie de bien vouloir vous montrer magnanime envers notre fille Charlotte. Si l'année dernière, j'ai effectivement eu un petit coup de déprime, je vais beaucoup mieux depuis la rentrée. Hélas, c'est maintenant ma femme qui a pris le relais. Elle est en burn-out, même si elle refuse de l'admettre, d'où mon mot sous enveloppe fermée.

N'hésitez pas à me joindre personnellement en cas de problème car il vaut mieux laisser ma femme loin des tracas quotidiens pendant quelque temps. Veuillez à cet effet trouver ci-joint ma carte de visite professionnelle avec mes coordonnées.

Je vous remercie de votre compréhension et vous prie de croire, Madame, en mes respectueuses salutations.

Femme au volant

Madame,

Je viens de vous voir faire votre créneau.
J'espère que vous êtes plus douée pour faire la classe ! (lol)

Bonne journée à vous et sans rancune !

Mata-Hari

(mot trouvé dans la boîte aux lettres)

Monsieur le directeur,

Méfiez-vous des mères d'élèves déléguées.
Par devant, elles vous font des sourires et des ronds-de-jambes, mais par derrière...

Signé : anonyme

Fair-play

Monsieur,

Allez, je suis sport. J'avoue que c'est moi qui a aidé Cédric pour son devoir.

Et merci de votre indulgence car faute avouée est à moitié pardonnée.

Bonté récompensée

Madame,

Je vous donne l'argent pour la photo parce que hier mon mari il vous a donnée un chèque en bois mais moi je voulais pas parce que vous etes gentille.

Retour sur investissement

Madame,

C'est le grand frère à Sandrine Durand avec un copain qui a rayé votre voiture vendredi.

Pour me remerciée, j'espère que vous serez gentille avec mon fils.

Et merci de brulée cette lettre.

Grosse déprime

Monsieur,

Je vous annonce que malheureusement pour eux la justice a décidé de rendre mes enfants à mon ex-femme, alors que je les ai gardé tout seul presque deux ans pendant qu'elle était partie vivre sa vie sans penser à nous.

Mais le juge était une femme...

Ils seront donc bientôt scolarisés ailleurs et vont quitter votre école. Quat à moi, je vais perdre mes seules raisons de vivre...

XVI – LES REMERCIEMENTS

Un seul mot, usé, mais qui brille comme
une vieille pièce de monnaie : merci !
Pablo Neruda, écrivain chilien, 1904-1973

Ce n'est qu'un début, continuons le combat

Madame,

Nous sommes de tout cœur avec vous pour la grève de jeudi. J'espère que votre collègue du CM1CM2 qui, je suppose, sera la seule présente, comme d'habitude, refuse évidemment les avantages pour lesquels vous luttez !

Bon courage en tout cas d'accepter de perdre une journée de salaire et merci de vous battre pour nos enfants.

Mme Durand, maman de Géraldine.

Foncièrement bonne

Madame,

J'ai bien vu que vous métez des bones notes à Jessica et elle travaille pas bien.

Merci vous etez une gentille maîtresse.

Délicatesse

Madame,

Tant pis pour votre ligne, voici des chocolats pour votre investissement dans votre métier.

Merci pour tout ce que vous avez fait pour Aurélie et bonnes vacances.

Passée la première impression...

Madame,
Je vous remercie bien sincèrement d'avoir réglé le problème de Vincent avec ses camarades. Finalement, vous êtes une aimable personne qui gagne à être connue !
Avec toute ma reconnaissance,

Vagabond

Monsieur,
Après avoir été chassé de chez moi par mon ex femme, me voici aujourd'hui chassé de chez mes ex beaux parents, puisque eux aussi divorcent. Je vais donc quitter la région. Rémy et Alexandra ne fréquenteront plus votre école à dater du lundi 12. Je vous remercie pour l'accueil qui leur a été fait. Ils auront passé deux mois très agréables.
Bonne continuation et merci encore.

Fan inconditionnelle

Madame,

Tenez bon ! Et surtout, ne lâchez rien ! Les réformes, c'est comme les ministres, ça passe, ça lasse, ça casse. Au moins, avec vous, nous sommes certains que nos enfants apprendront à lire et à écrire correctement.

En tout cas, un immense merci pour tout ce que vous avez fait pour Séverine. Nous espérons de tout cœur que dans deux ans c'est vous qui aurez son petit frère.

Ci-joint un modeste cadeau en reconnaissance.

Très cordialement,

Référence

Monsieur,
Merci et bravo d'avoir retrouvé le MP3 à Ryan.
Vous êtes encore mieux que Navarro !

À la barre

Monsieur,
Nous vous adressons nos plus vifs remerciements pour cette excellente année scolaire. Veuillez trouver ci-joint un petit cadeau et notre carte de visite.

N'hésitez pas à nous contacter si vous avez un procès. C'est avec plaisir et reconnaissance que nous témoignerons en votre faveur.

Excellentes vacances à vous et votre famille.

Recherche de performance

Madame,

Hé oui c'est encore la mère à Julien pour le retard à son fils. Je crois que cette année je vais battre mon record !

Excusez-moi encore et à bientôt.

Les démons de minuit

Monsieur,

Eric est en retard a cause des images* d'hier soir. On est rentré tard et ce matin il était trop fatigué mais sa lui a plu.

* Note de l'auteur : il s'agissait du groupe de variétés « Images ».

Le silence est dort

Madame,
Excusez le retard a Léo c'est moi qui lui est interdit de mettre son réveil parce que sa nous réveil.
Merci et bonne journée.

Ornithologue

Madame,
Julie n'a pas été à l'école lundi et mardi car elle est partie vers narbonne, elle était contente elle s'est baignée l'eau été à 20° degrés, elle a vu des flamants roses et des moites

Pour solde de tout compte

Madame,
J'escuse l'absence de Jimmy lundi et le lundi davant et je mescuse que j'ai perdu le mot d'absence que j'ai du recommencé dimanche et en meme temps j'escuse son absence de demain.

Les portes du pénitencier

Madame,
Merci d'excuser l'absence de François hier matin : c'est à cause de la porte du garage qui est restée bloquée.
Salutations distinguées

Chanel n° 5

Madame,

Merci de bien vouloir changer le voisin de table de ma fille car je suis obligée de lui changer ses vêtements tous les jours vu que c'est une odeur un peu spéciale.

Mais ce n'est pas du racisme de ma part.

Merci d'avance.

Bas les pattes !

Pouvez-vous SVP éviter de vous promenez entre les rangées pendant les contrôles parce que vos chaussures font du bruit à chaque pas et ça déconcentre ma fille ?

Avec mes remerciements anticipés.

La vérité si je mens

Madame,

Avez vous le numéro de portable a la maman a Jason Durand SVP ?

Merci

PS : c'est pour noté les lecons

Jeu de main, jeu de vilain

Monsieur,

Je vous informe que y'en a chez les CM2 qui joue au kim toucher en plotant les filles.

Merci.

Coluche

Monsieur,

Vous dites que votre cantine c'est un restaurant scolaire mais c'est plutôt les restos du cœur parce que c'est vraiment infect !

Forte perturbation

Monsieur,

A cause de vous mon fils est grave trop matisé.

Vexée comme un pou

Monsieur,

Je vous signale que ma fille na pas de lentes, c'est juste des paillettes qui restent du réveillon.

Orientation précoce

Monsieur,

Y a t'il des écoles moins dure que le collège, Passque sa va etre trop dure pour Kévin ? Par exemple pour conduir des camions passque il veut etre routier ?

POCKET N° 15309

Cette sélection de mots de parents d'élèves reflètent les relations entre parents et enseignants et les relations humaines de façon générale.

Patrice ROMAIN

MOTS D'EXCUSE

Plus attentifs au respect de leur progéniture qu'à celui de l'usage du participe passé, les parents d'élèves n'hésitent pas à dégainer le stylo pour affronter l'ennemi : monsieur le professeur et madame la maîtresse. Et en vingt ans de métier, Patrice Romain en a vu passer, des vertes, des pas mûres, des qui font voir rouge et d'autres rire jaune. Incroyables parfois, mais toujours vrais, ces morceaux choisis sont authentiques, et qu'importe l'orthographe.

« Aprè tout, fôte avoué... »

Faites de nouvelles rencontres sur pocket.fr

- Toute l'actualité des auteurs : rencontres, dédicaces, conférences...
- Les dernières parutions
- Des 1ers chapitres à télécharger
- Des jeux-concours sur les différentes collections du catalogue pour gagner des livres et des places de cinéma

Composé par Nord Compo
à Villeneuve-d'Ascq (Nord)

Imprimé en Espagne par
Liberdúplex
à Sant Llorenç d'Hortons (Barcelone)
en août 2016

POCKET – 12, avenue d'Italie – 75627 Paris Cedex 13

Dépôt légal : septembre 2016
S25976/01